LO 4196.

AVIS AU PAYS.

La Politique de M. Guizot et la Politique du Pays. — La vérité sur les dernières élections.

II. Nécessité, pour les Comités électoraux, de se constituer en permanence.

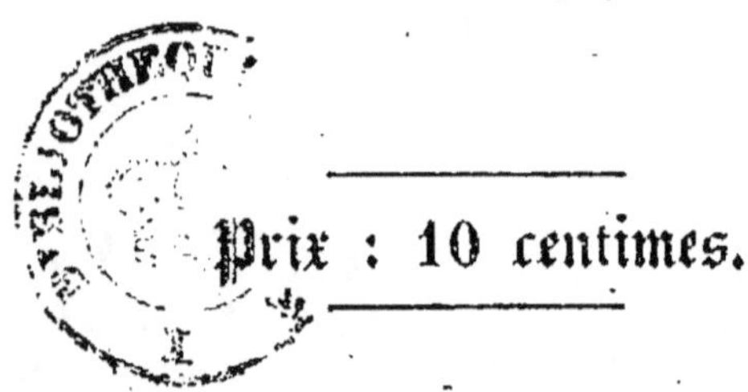

Prix : 10 centimes.

EN VENTE :

A PARIS,

BUREAUX DU **COMMERCE**, RUE SAINT-JOSEPH, 6;

CHEZ PAULIN, ÉDITEUR, | Chez P. AMIC, ÉDITEUR,
rue Richelieu, 60; | rue de l'École-de-Médecine, 4;

ET CHEZ TOUS LES DÉPOSITAIRES.

DANS LES DÉPARTEMENS,

CHEZ LES PRINCIPAUX LIBRAIRES,

Chez les correspondans du journal le FEUILLETONISTE, dans tous les bureaux des journaux de l'opposition.

SEPTEMBRE 1846.

Sous presse, pour paraître du 10 au 15 octobre :

DE LA
DÉSORGANISATION ADMINISTRATIVE.

N. B. Nous prions toutes les personnes qui auraient des communications à nous envoyer, relativement à la publication de nos *Brochures populaires*, de les adresser à M. Albert Maurin, rédacteur en chef du *Commerce*, au bureau du journal, 6, rue Saint-Joseph.

Paris.—Imprimerie de BOULÉ, rue Coq-Héron, 3.

A TOUS LES ÉLECTEURS, A TOUS LES CITOYENS.

Les faits de corruption, les séductions et les manœuvres de toute sorte qui ont signalé nos dernières élections ont montré au pays avec quelle persistance dans les vues, avec quel ensemble dans les moyens, l'administration prépare et discipline ses forces, long-temps avant la convocation de nos quatre cent cinquante-neuf colléges.

Sous peine d'abdiquer son rôle important et de livrer à jamais la France aux ennemis de nos libertés, de notre gloire, de notre prospérité politique et matérielle, il faut que l'opposition constitutionnelle s'organise, sé discipline, prépare, dès long-temps à l'avance aussi, ses forces et ses moyens de triomphe, et oppose enfin, dans la lutte contre ses adversaires, unité à unité, tactique à tactique, centralisation à centralisation.

Les comités électoraux de Paris ont compris cette urgente nécessité.

Une circulaire rédigée par les députés du centre gauche et de la gauche a invité, le 3 septembre, les comités électoraux des départemens à se constituer en permanence ; MM. Odilon Barrot, Duvergier de Hauranne, Gustave de Beaumont, Léon de Maleville, ont signé cette circulaire au nom de tous nos amis politiques.

Le 10 septembre, le comité de l'extrême gauche, représenté par MM. Carnot et Garnier-Pagès, a publié une autre circulaire tendant au même but.

Si les comités des départemens suivent les conseils et répondent à l'appel de ces deux circulaires, et ils le feront, nous en avons la certitude, un immense mouvement national se produira autour de nous.

C'est ce mouvement qu'il s'agit aujourd'hui d'encourager, d'activer, de seconder par la polémique des journaux, d'abord, mais encore par des avis, par des instructions, par la publication de brochures populaires, qui communiqueront une impulsion commune, une puissante unité d'action, un même esprit aux deux cent mille électeurs qui forment ce qu'on est convenu d'appeler le pays légal.

Et pour exercer une plus grande influence, pour être vraiment populaires, ces publications doivent aussi s'adresser à tous les citoyens, leur exposer successivement l'état de toutes les questions politiques, réveiller leur patriotisme, secouer leur indifférence pour les affaires de tous, qui sont les affaires de chacun.

Il ne suffit pas, sous notre régime, que l'électeur ait la conscience de son rôle; il faut que derrière l'électeur, derrière le pays légal, les citoyens qui ne sont point appelés à exercer des droits politiques soient aussi éclairés que ceux qui exercent ces droits, et puissent manifester leurs opinions. L'électeur sait, aujourd'hui, que son vote n'est qu'une sorte de délégation, et lorsqu'il sera forcé de reconnaître que ceux dont il représente, dans un collége, les besoins et les vœux, condamnent un système mauvais, il craindra de manquer à son mandat, en approuvant ce système par un vote tout personnel.

Le jour où un lien puissant reliera entre eux tous les électeurs indépendans, ce jour-là notre triomphe sera certain; car le ministère peut bien arriver à corrompre des électeurs, en les prenant un à un, en s'adressant à des intérêts privés et égoïstes, mais tous ses efforts viendront se briser contre une barrière infranchissable, quand il aura devant lui le corps électoral, nos quatre cent cinquante-neuf colléges, obéissant à une impulsion commune.

Nous appelons l'attention de tous les électeurs, de tous les citoyens, de la presse indépendante des départemens sur nos publications, et nous comptons sur le concours de nos amis politiques de l'opposition constitutionnelle.

I. LA POLITIQUE DE M. GUIZOT ET LA POLITIQUE DU PAYS. — LA VÉRITÉ SUR LES DERNIÈRES ÉLECTIONS.

I

Les dernières élections ont donné au pouvoir ministériel une majorité inespérée.

Comme M. de Villèle, M. Guizot a aujourd'hui ses trois cents députés ; mais les nouveaux trois cents, pas plus que ceux de la Restauration, ne sont l'expression des vœux et des besoins de la France.

Pour nous en convaincre, il suffit de jeter les yeux sur les actes de la politique ministérielle.

Si les actes de cette politique sont contraires à notre esprit national, s'ils sont liberticides et inconstitutionnels, assurément le pays ne leur a point donné son approbation ; et s'ils n'ont point été condamnés par nos quatre cent cinquante-neuf colléges à la fois, ils ne doivent ce résultat qu'à la fraude, qu'à des manœuvres coupables, qu'à une sorte de prestidigitation, qui a escamoté le pays légal, pour lui substituer un pays ministériel dont nos préfets et leurs agens ont fait le dénombrement.

Examinons donc, énumérons les actes de M. Guizot.

II

Nous ne remonterons pas au delà de 1844. Cette année nous offre un point de départ significatif, dans une affaire qui a résumé à elle seule toute la politique extérieure du ministère du 29 octobre.

Nous avons vu alors ce ministère abandonner nos braves soldats à toutes les fureurs d'une horde sauvage excitée contre nous par un agent de l'Angleterre.

Nous l'avons vu renier un acte d'énergie qui honorait notre marine, lorsque notre représentant fut rappelé pour avoir emprisonné le missionnaire Pritchard, chassé ensuite de Tahiti par le vice-amiral Dupetit-Thouars.

En réparation de cette grave offense, nous l'avons vu

accorder une indemnité de 25,000 fr. au provocateur du meurtre de nos marins.

Plus tard, une simple note d'un cabinet étranger a suffi pour arrêter M. Guizot au milieu de cette campagne du Maroc, qui, sous un gouvernement vraiment national, aurait résolu pour toujours la question d'Afrique, et aurait mis la colonisation algérienne à l'abri de toutes nouvelles tentatives de la part de l'émir Abd-el-Kader.

Le traité de Tanger devait au moins nous indemniser des frais de la guerre ; car si des vainqueurs paient de leur sang, c'est aux vaincus à payer de leur argent... Le traité de Tanger a été pour la France, grâce à M. Guizot, un leurre, une faiblesse, et aussi un surcroît de dépenses, un fardeau pour notre budget déjà si obéré.

Lorsqu'un ministre anglais a pu dire à la face de l'Europe absolutiste, à propos des malheurs de l'héroïque Pologne et de son partage entre les trois puissances du Nord : « Si les traités de 1815 n'existent pas sur le Danube, ils ne doivent pas exister sur la Vistule, » un ministre français est demeuré froid, impassible, sans entrailles et sans cœur pour les Français du Nord, décimés et écrasés par les trois puissances : l'Autriche, la Prusse et la Russie. Bien plus, il a osé, lui, prendre la défense de la politique de M. de Metternich, et justifier les hommes d'État de Vienne de leurs excitations au meurtre, au viol, au pillage, à l'incendie.

A Madagascar, M. Guizot laisse périmer les droits de la France, et il abandonne cette colonie précieuse à ceux à qui il a déjà promis l'abandon prochain des Iles de la Société, et soyez sûrs qu'il tiendra cette promesse.

En Syrie, les populations chrétiennes du Liban, au milieu des épreuves effroyables que la Providence leur envoie coup sur coup, tournent vers la France des regards supplians. Et au lieu de cette sympathie, de ces généreux sentimens qu'elles avaient l'habitude d'y trouver, elles n'y rencontrent que les froids calculs d'une politique stupidement égoïste, que l'impitoyable ironie et les raisonnemens sceptiques d'un rhéteur qui parle au nom de la France contre la cause sacrée de la civilisation et de la chrétienté.

On se demande aujourd'hui, dans les montagnes du Liban, si cette France, qui était jadis le champion de toutes les idées nobles et généreuses, a cessé de compter parmi les nations. Les Maronites ne sont pas loin de la vérité : on cesse de compter momentanément parmi les nations, lorsqu'on est gouverné par des hommes du caractère de M. Guizot.

III

Et vous croyez peut-être que la politique du 29 octobre, qui a fait si bon marché des intérêts politiques de la France, s'est montrée plus soigneuse de nos intérêts matériels?

Cela devrait être pourtant, car M. Guizot s'est proclamé l'homme des intérêts matériels.

Voyons d'abord ce que M. Guizot a fait pour notre négoce, pour notre industrie, pour nos populations commerçantes et manufacturières; nous dirons plus tard ce qu'il a fait pour cette classe de prolétaires qui vit au jour le jour du travail de ses bras, et qui, n'ayant point le temps, l'instruction nécessaire, ni les moyens légaux de s'occuper elle-même de l'avenir de son travail, a le droit de demander au gouvernement qu'il lui ménage cet avenir.

Qu'ont exécuté M. Guizot et les siens,

En fait de traités de commerce;

En fait de développemens industriels;

En fait d'intérêts de commerce, notre cabinet tend sans cesse à isoler de plus en plus la France, au milieu des relations fructueuses que les divers États de l'Europe nouent entre eux, grâce à la paix de trente années qui efface chaque jour les anciennes rivalités.

Tandis que les Etats-Unis, l'Angleterre, la Hollande, la Belgique, la Prusse, l'Autriche, toute l'Allemagne, Rome elle-même, modifient, réduisent, assimilent leurs tarifs douaniers, la France seule demeure stationnaire, et voit ainsi son commerce, sa marine, ses ports de mer et ses manufactures perdre peu à peu toute leur ancienne importance.

Nous avons sous les yeux les fruits du système qui régit nos intérêts matériels.

Les États-Unis viennent d'apporter de notables changemens dans leurs tarifs douaniers ; certaines nations ont été favorisées par eux, mais les produits français ont été frappés de taxes plus exagérées que celles qui existaient avant cette modification.

La Russie, à la suite de conventions internationales avec l'Angleterre, la Hollande, l'Espagne, a diminué pour le pavillon de ces peuples ses droits d'entrée et de sortie ; notre pavillon, à nous, a été frappé, par l'ukase du 19 juin 1845, d'un droit extraordinaire de 50 pour cent ; et lorsque, après une année de souffrance pour notre marine, M. Guizot arrive enfin à s'occuper d'elle, il obtient un retrait provisoire et partiel de cet ukase, au moment même où la navigation va être interdite par les glaces, dans la mer Blanche et dans le golfe de Finlande. La mer Noire continue à être fermée à nos navires venant de Marseille.

La Belgique entre dans l'union douanière constituée par les États allemands, sous le nom de *Zollwerein* ; la France assiste à ce mouvement commercial, sans chercher à profiter de ce qu'il peut avoir d'incomplet et de vicieux ; elle conclut avec la Belgique un demi-traité qui ne satisfait point les intérêts de nos provinces méridionales, et qui lèse gratuitement les intérêts de nos départemens du nord.

En fait d'intérêts industriels, une grande question s'agite en ce moment chez nous : celle du régime protecteur et de la liberté commerciale.

Que fait M. Guizot ? se prononce-t-il pour l'un ou pour l'autre parti ?

Un ministère n'est point au pouvoir dans le seul but de satisfaire des ambitions personnelles ; il y est pour représenter, sur toutes les questions, les idées, les principes d'une majorité.

Dans cette question commerciale et industrielle, qui est aussi une question politique, le ministère ne croit à rien, ne soutient rien, ne représente rien ; il a laissé carte blanche à ses journaux, qui défendent, les uns la protection, les autres la liberté des échanges. Le ministère se réjouit tout bas de la confusion jetée dans la presse par ces deux systèmes, et il se garde bien de déclarer où sont ses sympathies secrètes, car il espère que l'attention publique, distraite par une discussion qui ne semble s'attacher qu'aux intérêts matériels, s'occupera beaucoup moins des affaires politiques.

Un pareil rôle est inconstitutionnel.

Voilà donc la politique du 29 octobre, dans les affaires étrangères, dans les relations internationales.

IV

Voyons sa politique à l'intérieur.

Nous trouverons là l'occasion de parler de ces intérêts populaires, que nous avons mentionnés plus haut.

Le ministère reproche à l'opposition constitutionnelle, au centre gauche, à la gauche, à l'extrême gauche de ne pas avoir de programme.

A-t-il un programme, lui ?

Car enfin, on pourrait, au besoin, concevoir une opposition de faits, sans programme explicite, ou plutôt prenant, pour son programme, la contre-partie de ce que ferait un ministère.

Mais un ministère doit avoir un programme, et M. Guizot n'en a pas.

Nous nous trompons. Le sien se résume dans ces mots fameux, qu'il a prononcés un jour dans l'effusion d'une confidence intime :

Nous devons nous borner à la gloire de vivre.

La gloire de vivre, le besoin d'exister comme homme d'Etat, tel est le seul mobile de M. Guizot, à l'intérieur ;

Voilà ce qui lui a fait combattre et rejeter toutes les réformes que l'opposition a formulées en projets de loi;

Voilà ce qui lui a fait combattre la réforme parlementaire, hier encore;

Voilà ce qui lui fera combattre demain la réforme électorale;

Voilà ce qui l'a contraint à maintenir cette loi corruptrice sur les annonces légales, au moyen de laquelle il subventionne, dans un grand nombre de départemens, plus de cinquante journaux impopulaires, condamnés à suspendre leurs publications ou à soutenir la politique de M. Guizot... Car s'ils abandonnaient cette politique, ils ne recevraient plus la subvention déguisée, et ce n'est pas le nombre de leurs abonnés qui les ferait subsister.

Le besoin de vivre... Voilà ce qui pousse le cabinet actuel à tout diviser, à tout corrompre en France, à tout vicier, à tout amoindrir, à tout rapetisser : le corps électoral qui donne sa source au pouvoir législatif, comme le corps de censitaires, dans lequel les préfets *choisissent* les membres de ce jury, qui fait partie du pouvoir exécutif, qui le complète, qui rend la justice, qui frappe ou absout, dans ces procès où la liberté de la presse est en cause.

Voilà, enfin, ce qui fait que le 29 octobre, ne pouvant gouverner avec l'assentiment et les suffrages de la nation, cherche à se maintenir aux affaires avec son indifférence, et se montre si peu scrupuleux dans les moyens qui peuvent lui assurer les résultats des élections; car peu lui importe si sa majorité est une majorité menteuse : ce qu'il veut, avant tout, c'est une majorité qui lui donne cinq années d'existence de plus; le jour où il l'a obtenue, il abandonne aux destinées, au hasard, à la Providence la conduite des affaires extérieures; il oublie complétement, à l'intérieur, que, quelque bonne et libérale que soit une Constitution, il faut sans cesse en développer les conséquences, il faut emprunter à son esprit de nouvelles applications, au lieu de s'en tenir stérilement à sa lettre, sous peine de voir bientôt l'opinion publique, l'esprit national devancer cette Constitution, et le pays demander alors à une révolution, à un bouleversement profond, comme en 1789 et en 1830, ce qu'il aurait préféré demander à des transformations incessantes, à des améliorations successives.

Les peuples, les sociétés subissent des lois semblables à celles que la nature impose à l'individu. L'enfant ne se transforme impunément en un homme, qu'à la condition de voir le développement de ses organes s'accomplir chaque jour par des gradations insensibles ; les croissances subites, instantanées, sont des crises violentes, et la mort en est le plus souvent la triste conséquence. Les sociétés éprouvent les mêmes phénomènes ; mais ce ne sont point elles qui périssent dans ces crises : ce sont les insensés qui ont essayé d'arrêter leur marche providentielle.

Un mot, maintenant, sur les intérêts populaires, sur les classes laborieuses, sur le prolétariat ; car, quoi qu'on en dise dans certains salons politiques, le prolétariat existe encore.

On appelait *prolétaire*, chez les Romains, la classe des citoyens dont les biens ne s'élevaient pas à quinze cents pièces d'argent.

Le nombre des prolétaires est grand en France.

Tous nos ouvriers manufacturiers, tous nos mineurs, tous ces hommes qui n'ont d'autre capital et d'autres instrumens de travail que leurs bras et l'emploi déterminé qu'ils en savent faire ; depuis celui qui gagne trois francs par jour, dans nos grandes villes où la vie est chère, jusqu'à celui qui gagne trois francs par semaine, dans les petites localités où la vie est à bon marché : tous nos ouvriers sont des prolétaires.

Une loi terrible pèse sur eux : la loi sur les coalitions ; cette loi qui place un tiers de notre population sous le régime de la force brutale, qui condamne chaque membre de cette classe déjà inférieure par son éducation, à l'isolement le plus complet, qui suppose le maître toujours modéré, toujours sage, toujours juste et équitable, l'ouvrier toujours violent, injuste dans ses prétentions, mal fondé dans ses plaintes.

Nous ne faisons point ici un livre sur les *coalitions*. Admettons, avec le législateur, que la position sociale tout exceptionnelle de l'ouvrier réclame et nécessite un code spécial : nous serons forcés, alors, d'avouer que quelqu'un doit faire, dans cet état de choses, pour les prolétaires, ce qu'eux-mêmes ne peuvent faire ; que quelqu'un doit veiller, penser, agir, s'inquiéter, s'informer, étudier pour eux, et assurer à leurs bras le travail, et à leur famille le salaire dont ils ne peuvent se pourvoir qu'au jour le jour, sans garanties pour le lendemain ; car si demain le salaire vient brusquement à descendre au dessous du prix de revient des subsistances, il ne leur est pas permis de se réunir, de s'entendre, de se concerter, de délibérer, et de dire à ceux qui les occupent : A telles conditions, nous sommes exposés à périr de faim ; à telles autres conditions, notre pain, celui de nos enfans est assuré.

Là, encore, le cabinet actuel n'a su rien faire, rien entreprendre. Il s'est endormi dans une confiance aveugle, lorsque d'heureuses circonstances, un mouvement tout momentané imprimé au commerce et à l'industrie, ont fait quelques jours supportables à la population ouvrière... Mais lorsqu'une de ces crises, trop fréquentes, est venue le réveiller dans sa torpeur, son premier et son dernier mot a été l'emploi de la force brutale, que ses agens subalternes ont exagéré, comme cela convient à des agens subalternes !

V

Nous avons rapidement esquissé les principaux traits de la politique de M. Guizot.

Autant que possible, nous nous sommes abstenus d'appréciations, pour nous en tenir à la physionomie matérielle des actes.

Les prôneurs intéressés du ministère pourraient, au besoin, et ils ont pour cela assez de cynisme et de mauvaise foi, contester la véracité de nos appréciations et de notre indignation patriotique ; mais ils ne sauraient nier les faits

consignés authentiquement dans l'histoire de nos dernières années,

Pour les affaires extérieures :

Le désaveu de Dupetit-Thouars ;

L'indemnité Pritchard ;

L'amoindrissement de notre protectorat dans les Iles de
la Société ;

L'abandon de la Syrie ;

L'abandon de Madagascar ;

Les tristes conséquences du traité de Tanger ;

La perte de l'amitié des Etats-Unis, qui se sont récon-
ciliés avec l'Angleterre, en partageant leurs différends,
et vis-à-vis desquels nous nous sommes compromis avec
maladresse et sans résultat, comme tous les entremetteurs
inintelligens ;

Les effets déplorables de l'ukase du 19 juin 1845, qui,
pendant quinze mois, a frappé, dans les ports de la Russie,
notre pavillon d'un droit extraordinaire de 50 pour cent ;

L'isolement de la France commerciale, au milieu des
relations, des traités, des unions douanières que les divers
Etats de l'Europe concluent entre eux.

Les prôneurs intéressés du ministère ne sauraient nier
les faits consignés dans l'histoire de nos dernières années,

Pour les affaires intérieures :

Le rejet du projet de loi sur la réforme parlementaire,
la première de toutes les réformes que nous devions pro-
poser aux Chambres, sous la dernière législature ; car,
avant de demander d'autres réformes à ces Chambres,
il fallait qu'elles voulussent bien se réformer elles-mêmes ;

Le rejet de la loi sur les annonces légales ;

L'intervention des préfets dans la confection des listes
du jury ;

L'attitude plate et insignifiante du ministère entre les
protectionnistes, qui veulent le maintien d'un code douanier pour lequel certains membres du cabinet ont de secrètes sympathies, et les libres échangistes, qui ne seront
protégés par lui que lorsqu'ils seront forts ;

La manipulation des listes électorales ;

L'abus qu'il a fait de la distribution de grades, de places, de décorations, de missions, de faveurs de toute espèce, dans l'intérêt de ses candidats électoraux ;

L'emploi indécent de la force brutale dans quelques colléges où il était bon, à son point de vue, d'intimider les électeurs, et de faire croire à des dangers qui n'existaient point ;

Après les élections, ses théories anti-constitutionnelles contre le droit que chaque électeur possède, de dénoncer à la chambre, *comme témoin*, les faits de corruption, les manœuvres qui se sont passées sous ses yeux ; théories que la petite session a consacrées sous le nom de jurisprudence Dessaigne ;

Sa haine pour l'ombre même d'un mandat national, qui permettrait à l'électeur de demander compte à son mandataire de sés promesses, de ses engagemens vis-à-vis le pays; haine qui s'est si bien dévoilée, dans la radiation, dans l'annulation du mandat de l'honorable M. Drault.

Tels sont, en résumé, les actes de la politique ministérielle, et nous défions qui que ce soit de contester la réalité de ces faits frappans pour tous.

Maintenant, quelle est la véritable politique française, la politique dont l'immense majorité de nos concitoyens voudrait la poursuite, l'application et le triomphe ?

Et si cette politique n'est pas la même que celle dont nous venons d'énumérer les tristes conséquences, comment se fait-il que le ministère du 29 octobre compte dans la chambre une majorité de cent voix ? comment se fait-il qu'il s'appuie sur trois cents votes disciplinés et inféodés ?

VI

La France veut sans doute,

A l'extérieur :

L'amitié, mais aussi le respect des autres États.

Elle entend ne rien usurper sur ses voisins; mais elle ne veut souffrir que ses voisins usurpent sur elle.

Avec son magnifique territoire, si compacte, si homogène, si fertile, peuplé de trente-cinq millions de citoyens; avec cette terre d'Afrique que la Restauration lui a léguée avant de mourir, comme une compensation suffisante de toutes ses fautes; avec ce qu'elle a conservé de ses colonies; avec l'influence qu'elle exerçait dans tout l'Orient par le prestige des souvenirs; avec ses droits à faire valoir sur certains établissemens de la mer des Indes; avec cette propagande d'idées qui lui reste, après les héroïques efforts de sa propagande guerrière du Consulat et de l'Empire : la France n'avait pas besoin de demander à la conquête de nouveaux élémens de puissance, de nouvelles influences politiques.

La France n'avait qu'à faire respecter ce qu'elle possède; elle n'avait qu'à se montrer aux cabinets européens telle qu'elle est encore.

Il n'est pas indispensable de faire la guerre pour être un grand peuple, mais il faut qu'un grand peuple ait le sentiment de sa force et de sa dignité, et ne recule jamais, sous peine de déchoir.

La France voulait donc, à l'extérieur, une politique ferme et nationale; cette politique était sans danger pour elle; parce que, quoi qu'en disent la peur, la pusillanimité, la lâcheté, la faiblesse et la mauvaise foi de nos gouvernans, un cabinet européen, quel qu'il soit, y regarderait à deux fois avant de tourner ses bataillons contre nos frontières.

L'Europe a autant à perdre, elle a même plus à perdre que la France, dans une guerre; et si nous nous étions montrés nationaux à Tahiti, en Amérique, dans les Indes, en Syrie, dans le Maroc et ailleurs, la paix dont nous jouissons aujourd'hui, nous la devrions à notre force, et non point à notre faiblesse; cette paix serait une conquête de la France, et non pas une concession de l'étranger.

Ce n'était donc pas les agrandissemens de son territoire, mais le développement de son influence morale que la France demandait à M. Guizot.

Nous avons dit ce que M. Guizot lui a donné.

A l'intérieur, la France veut sans doute :

Le maintien, mais aussi le développement des institutions de juillet.

Le régime représentatif convient à ses besoins, il répond à ses sympathies ; par cela même, elle exige que ce régime développe toutes ses conséquences.

Elle se dit :

Puisque le pacte fondamental qui a lié, en 1830, la royauté à la nation, n'a fait que jeter les bases larges et durables de ce régime ; puisqu'il l'a seulement consacré en principe, laissant au législateur le soin d'en fixer les limites temporaires, le soin de désigner dans quelle proportion le pays prendra part aux affaires de gouvernement ; puisque la Charte de 1830 ne s'est pas occupée du cens d'éligibilité ni du cens électoral, mais qu'elle a dit simplement qu'il y aura des électeurs et des députés ; sans doute que cela est ainsi fait pour que le pays légal puisse s'étendre à mesure que l'éducation morale et politique pénétrera de plus en plus dans les masses, et afin que la loi de 1831, qui a complété la Charte, ne soit point la limite des droits électoraux, mais seulement le point de départ de leur futur développement.

A une époque où M. Guizot n'était encore qu'un professeur, un historien, un philosophe, il pensait qu'il y a des électeurs naturels, existant indépendamment des dispositions du législateur, et que celui-ci ne peut priver de l'exercice de leurs droits légitimes sans compromettre les intérêts du peuple et la sécurité du pouvoir.

Selon lui, il s'agissait simplement, alors, de rechercher les signes extérieurs par lesquels se manifeste la capacité politique, afin de la faire jouir tout aussitôt de son légal exercice.

Ainsi donc, d'après M. Guizot, nous parlons du professeur, tous les citoyens sont des électeurs naturels ; la loi peut bien suspendre pour quelques uns d'entre eux l'exercice d'un droit dont ils ne comprendraient pas la juste application ; mais le pouvoir doit chercher sans cesse à agrandir le cercle du pays légal, et à faire entrer dans ce cercle le plus grand nombre de citoyens.

Nous savons comment M. Guizot le ministre applique les idées de M. Guizot le professeur.

La France appelle donc de tous ses vœux une réforme électorale; elle demande aussi une réforme parlementaire, une réforme douanière, une réforne administrative, une réforme financière, qui porte à la fois sur l'exagération de certaines dépenses, et sur l'immoralité de certains impôts, frappant d'une manière exclusive les classes pauvres.

Est-ce pour obtenir toutes ces réformes que la France a envoyé au parlement ces trois cents députés, dont les votes sont acquis à l'ennemi de tout progrès, à l'adversaire de toute réforme?

Assurément, entre ce que veut la France et ce que soutient la majorité de ses députés, entre le parlement qui est pour le monopole, et la France qui est pour la liberté, il y a eu autre chose que la véracité du mandat; une puissance occulte s'est interposée entre le mandant et le mandataire, et a donné à la représentation nationale une autre source, que l'opinion et les vœux du pays.

Cette puissance occulte, qui est seule représentée par la majorité ministérielle, n'est autre que la corruption électorale.

VII

La corruption électorale a été flagrante, lors des dernières opérations de nos quatre cent cinquante-neuf colléges. Mais, avant de parler des méfaits de l'administration, disons un mot des fautes de l'opposition.

Jusqu'à ce jour, l'opposition constitutionnelle n'a point compris parfaitement le rôle qu'elle doit jouer dans les affaires publiques.

Il est temps qu'elle s'en rende compte, dans la situation nouvelle et difficile où elle se trouve.

Tant que l'opposition a pu tenir en échec le pouvoir

ministériel, au sein même du parlement, tant que la majorité du pouvoir n'a été qu'un appoint de quelques voix flottantes, l'opposition a mis toute sa confiance dans le parlement, et a un peu oublié le pays. Dans les deux mois qui précédaient les élections, elle s'agitait, elle se remuait, elle s'animait, elle se réorganisait, il est vrai; mais, les élections passées, elle ne songeait plus à se ménager l'appui incessant et direct du pays; tout son temps, tous ses loisirs, tous ses soins étaient réservés pour les discussions du parlement, et pendant les trois ou quatre années d'une législature, les journaux seuls étaient chargés de parler au pays, de le faire ressouvenir de ses devoirs politiques, de secouer son indifférence, de tenir en échec les agens de l'administration.

De son côté, que faisait le pouvoir? Il ne désarmait pas, lui, il demeurait sur le champ de bataille; aidé par les mille moyens que lui fournit une centralisation puissante, avec l'intermédiaire de ces légions de fonctionnaires qu'il a su intéresser, par la corruption et par la faveur, au maintien de sa politique, il ne cessait de préparer les élections futures.

La circulaire des comités du centre gauche et de la gauche constitutionnelle, publiée le 3 septembre 1846, a parfaitement défini le rôle du pouvoir pendant ces quatre années de vacances électorales.

D'une part, ce sont les listes électorales qu'il manie et remanie à sa guise, presque sans surveillance, presque sans contrôle;

De l'autre, ce sont certaines candidatures, au service desquelles il met sans réserve, sans scrupule, toutes les ressources de la centralisation administrative, et tous les fonds communs du budget.

Auprès des collèges qui ont à la Chambre un député indépendant, un député de l'opposition, il place un candidat, une sorte de député *surnuméraire*, qui emploie à corrompre les électeurs, à satisfaire leurs intérêts privés, à s'adresser à l'égoïsme, à la personnalité, le temps employé par le député libéral à défendre les intérêts du pays, à sauvegarder les droits de tous, à veiller sur la fortune publique.

Et comme les effets d'un service personnel et des faveurs ministérielles qui s'attachent à l'individu, se font bien plus vite sentir que les effets d'un service général rendu au pays, le député surnuméraire, le candidat ministériel, gagne peu à peu une popularité dont la source est honteuse, mais qui n'en diminue pas moins l'influence du député indépendant.

Et le jour où la Chambre est dissoute, où les électeurs sont appelés à renouveller le mandat législatif, le pouvoir entre dans la lice électorale, préparé depuis longtemps à la lutte, armé de toutes pièces, tandis que l'opposition, prise pour ainsi dire à l'improviste, rassemble à la hâte ses moyens d'attaque, ou plutôt ses moyens de défense ; car, avec un adversaire alors tout-puissant, elle ne peut songer qu'à se défendre.

Tel est le spectacle que nous ont offert les dernières élections générales.

Cependant l'opposition se disposait courageusement au combat. Grâce à des efforts inouis, grâce au dévoûment des hommes honorables qui marchent à sa tête, grâce encore au zèle intelligent des journaux de province, un triomphe n'était pas pour elle, même dans les conditions défavorables de tactique où elle se trouvait, une chose impossible.

Les manœuvres, la stratégie électorale, les moyens de corruption employés par le gouvernement, étaient chaque jour dévoilés en grande partie par la presse départementale.

Des comités, organisés à Paris, correspondaient en province avec des amis nombreux ; les faits qui échappaient aux journaux des départemens, leur étaient révélés, et parvenaient, par leur intermédiaire, à la presse parisienne.

Chaque jour, le *Commerce*, le *Constitutionnel*, le *National* et le *Siècle*, dénonçaient, au nom de ces comités, des faits dont la seule divulgation était au moins un échec moral pour le cabinet.

Ici, c'était un candidat qui promettait à ses électeurs de faire *fructifier leurs votes* (collége de Nogent-le-Rotrou).

A Lannion, si l'ami du ministre est nommé, on comblera l'arrondissement de faveurs, des primes seront accordées aux comices agricoles, et chaque maire recevra, pour en faire part à ses administrés, toutes sortes de graines, de semences, de charrues-modèles, etc., pour le plus grand bien de l'agriculture locale, et le plus grand profit du ministère.

A Quimperlé, les élections donnent lieu aux plus étranges entreprises. Des marchés honteux auraient livré des voix pour certaines sommes. Trois personnes sont arrêtées, à la suite des élections ; l'affaire est étouffée, mais la corruption n'en est pas moins évidente.

Dans la Moselle, à Briey, entre autres, les promesses et les engagemens de toute espèce pleuvent en averse sur les électeurs. L'un sera maire, l'autre verra son hameau transformé en une mairie ; celui-là pourra construire sur la voie publique ; tel autre recevra mille francs pour faire remplacer son fils... à la condition que chacun votera comme doit voter tout électeur bien pensant, et suffisamment pourvu.

Nous citons au hasard quelques épisodes pris dans quelques colléges ; cette brochure entière ne suffirait point pour la seule énumération de toutes les manœuvres, de tous les actes de corruption des agens de M. Guizot ; nos lecteurs n'auront qu'à se ressouvenir, pour trouver des faits semblables dans l'histoire récente de leurs propres colléges.

Nous l'avons dit : l'opposition, nonobstant, conservait l'espoir d'obtenir dans les élections une majorité significative ; la politique française, la politique nationale était en contradiction flagrante avec la politique de M. Guizot, et le pays ne pouvait sanctionner les six années du ministère.

Le jour des élections arrive, chaque candidat a préparé, a publié son programme et sa profession de foi. Un premier symptôme de défaite apparaît dans les rangs ministériels ; les nouveaux candidats de M. Guizot, pour capter les suffrages des électeurs, dissimulent, déguisent leurs sympathies; ils protestent de leur dévoûment au progrès et aux réformes, et prennent l'engagement de pousser le cabinet dans une voie d'initiative.

Il était évident que le ministère voulait escamoter les élections, au moyen d'une prestidigitation de principes; le célèbre discours de Lisieux avait donné le signal de cette palinodie, à tous les candidats prétendus conservateurs.

Déjà, dans un grand nombre de colléges, les opérations préparatoires avaient eu lieu, lorsque tout à coup le bruit se répand qu'un affreux attentat vient encore d'épouvanter la France.

Une dépêche télégraphique, rédigée avec la plus grande habileté, apprend aux électeurs qu'un régicide a été commis; elle tend à leur faire supposer que l'auteur du crime n'est rien moins qu'un nouvel Alibaud, qu'un nouveau Fieschi. Les passions politiques, les haines démocratiques avaient chargé ses deux pistolets.

D'énormes placards, affichés au moment de l'ouverture du scrutin sur la porte des colléges, annoncent le NOUVEL ATTENTAT CONTRE LA VIE DU ROI; et dès ce moment la lutte n'est plus entre M. Guizot et le pays, elle est entre l'anarchie et l'ordre public: c'est ce que des agens officieux ne manquent pas de faire entendre, de commenter, d'expliquer, de développer aux électeurs de la campagne, et le cabinet, qui redoutait sérieusement un échec, est surpris lui-même par l'excès de sa propre victoire.

Telle est la vérité sur les dernières élections.

Et ce que nous venons de voir, dans les élections municipales qui ont suivi de près les élections parlementaires, nous prouve suffisamment que la majorité ministérielle n'est qu'une majorité de surprise. La plupart des grandes villes qui ont envoyé à la Chambre des députés pritchardistes ont choisi des hommes indépendans pour faire partie des conseils municipaux. Ce fait nous prouve encore qu'avec une extension du cens, la manifestation de l'opinion publique serait beaucoup plus sincère.

La plupart des colléges qui ont nommé des députés

ministériels n'ont point entendu par là approuver, sanctionner la politique de M. Guizot ; la veille encore des
élections, ils condamnaient cette politique, et les candidats de l'administration se voyaient forcés de déguiser
leurs sympathies, de feindre des principes libéraux pour
conserver quelque chance de réussite : leurs circulaires
sont sous nos yeux.

Mais, surpris par un événement imprévu, par un événement dont on a exagéré avec perfidie les causes et la
portée, croyant voir la France revenue à ces mauvais
jours où l'attentat et l'émeute étaient le dernier mot des
partis extrêmes, un grand nombre d'électeurs honnêtes,
mais d'esprit simple et facile à égarer, ont cru donner un
appui à l'ordre public, à la conservation des intérêts
légitimes.

Ils n'ont donné leur appui qu'aux intérêts ministériels
et à la réaction d'une politique de résistance.

Ils savent aujourd'hui ce qu'il en était, de cette fantas-
magorie que les agens du pouvoir ont fait un moment
passer sous leurs yeux pour égarer leur conscience.

Mais il est trop tard, le mal est fait, les trois cents siégent
à la chambre.

N'existe-t-il pas cependant quelques moyens pour at-
ténuer ce mal et pour préparer le bien dans un avenir
prochain ?

C'est ce que nous allons examiner dans la seconde partie de notre AVIS AU PAYS.

I

La permanence des comités électoraux, tel est le seul remède à la corruption qui nous dévore, à l'indifférenc en matière de politique qui pèse sur la France.

Nous lisons dans la circulaire adressée par nos amis d la gauche et du centre gauche, aux comités des départe mens :

« Dans un pays voisin, où la théorie et la pratique du gouvernement représentatif sont mieux compris qu'er France,

» Les partis, qu'ils soient au pouvoir ou dans l'oppo sition, restent toujours organisés, toujours actifs.

» Dans chaque comté, dans chaque ville importante, i y a des comités qui, tantôt à huis-clos, tantôt dans de réunions publiques, s'occupent constamment d'éclairer l pays et d'entretenir l'esprit politique ;

» Des comités qui, long-temps organisés d'avance, cal culent toutes les chances du combat et travaillent à le faire tourner en faveur de leur opinion ;

» Des comités qui subviennent, en outre, à l'aide d souscriptions volontaires, à toutes les dépenses com munes. »

Sans passer le détroit, sans demander à l'histoire con temporaine de nos voisins des exemples de conduite et d tactique politiques, nous pourrions trouver dans nos pro pres annales des précédens à cette question.

Après les grandes élections de 1789 pour la nomina tion des députés aux États-généraux, les électeurs de Pari résolurent de ne point se séparer ; ils se constituèrent e permanence, et l'on sait l'immense portée qu'eurent ce réunions sur l'opinion publique.

A cette époque de populaire agitation, d'enthousiasm

fébrile, lorsque la nation entière courait avec ardeur au devant d'un avenir qui tardait trop long-temps au gré de ses vœux, ce fait imprima peut-être une impulsion trop grande aux esprits et à la marche des événemens.

Mais aujourd'hui un tel inconvénient, certes, n'est pas à craindre. Nous n'avons pas, malheureusement, à redouter que le pouvoir législatif s'abandonne à une initiative trop impétueuse, et il ne peut y avoir pour l'ordre et pour la sécurité de nos institutions, aucune espèce de danger à ce que les électeurs le poussent en avant.

Nous sommes les premiers, d'ailleurs, à reconnaître que la *permanence des comités électoraux*, dans une société soumise au régime représentatif, est un fait anormal, insolite, et dont la légitimation ne se trouve point dans la lettre de la Constitution elle-même.

La Constitution a dit : « Les électeurs nommeront les députés, et les députés feront les lois. »

Elle n'a point dit : « Les électeurs, après avoir confié leur mandat aux plus dignes, continueront, en tant que corps électoral, à se mêler aux affaires du pays, à exercer une influence plus ou moins étendue sur l'opinion publique, à contrôler, à surveiller les actes de l'administration, les manœuvres de ses agens, à examiner et à faire rectifier les listes électorales.

Mais ajoutons, tout aussitôt, que la Constitution n'a pu prévoir, n'a pu supposer que le pouvoir exécutif établi par elle chercherait à l'amoindrir, à fausser son esprit.

La Constitution nous a été donnée, ou plutôt nous nous sommes donné une Constitution, pour qu'elle soit appliquée avec une austère sincérité, pour qu'elle reçoive son plein et entier effet.

Et si un pouvoir, qui fait de la corruption son auxiliaire principal, la comprime, l'étouffe, c'est aux électeurs, c'est au pays légal, c'est au pouvoir constituant lui-même qu'est réservé le rôle de combattre ces tendances hostiles à la liberté.

Ce qui donc serait, sans nul doute, un excès populaire, une anomalie, une superfétation au moins, sous un ré-

gime sincèrement constitutionnel, devient une nécessité
légale, une juste et légitime conséquence de la conduite
des gouvernans, une pondération urgente pour rétablir
l'équilibre représentatif, sous un système où la Constitution reçoit chaque jour, dans son esprit sinon dans sa lettre, les atteintes les plus rudes.

II

QUE NOS QUATRE CENT CINQUANTE-NEUF COLLÉGES ÉLECTO-
RAUX SE HATENT DONC DE SE CONSTITUER EN PERMANENCE !

Qu'ils assurent leurs moyens d'action et leur durée par
des souscriptions volontaires, par des dons civiques, quelque légers qu'ils soient, afin qu'un fonds de réserve, dé-
posé entre les mains d'un trésorier, leur permette, dès
que l'occasion s'en présentera, de subvenir à toute espèce
de dépense imprévue.

Aussitôt après sa constitution, que chaque comité en
donne avis au comité central de Paris, et entretienne avec
lui une correspondance active.

Un double but est proposé aux comités électoraux :

1° Surveiller les actes de l'administration locale ; les
combattre avec persévérance, en aviser le comité central
de Paris, les dénoncer publiquement au besoin ;

2° Exercer sur l'esprit public des localités une influence
incessante.

La surveillance des actes de l'administration doit avoir
lieu, principalement, à l'époque de la révision des listes
électorales.

Chaque année, le délai de rigueur, pour l'exercice de
l'année suivante, expire le 30 septembre.

Tout citoyen qui a négligé, jusqu'au 30 septembre, de
se faire inscrire sur les listes électorales,

Ou de faire ajouter à la somme de ses contributions
quelques sommes complémentaires,

Ou de provoquer l'annulation de certains électeurs por-
tés à tort sur les listes ;

Doit subir jusqu'au 30 septembre suivant toutes les conséquences de sa négligence, de son apathie ou de son indifférence coupable.

La révision annuelle des listes électorales est une opération de la plus haute gravité.

Nous le disons avec conviction : si ces opérations étaient faites avec justice et conscience ; si, d'une part, tous les faux électeurs de l'administration se trouvaient rayés, et, d'une autre part, si tous les électeurs légitimes élagués par elle étaient rétablis sur les listes, le pouvoir actuel perdrait dans la chambre au delà de ses cent voix, lors des élections prochaines ; il les eût perdues dans les dernières élections, malgré les circulaires de M. Duchâtel et l'exploitation de l'attentat du fou des Tuileries.

Les partis comprennent, en Angleterre, toute l'importance de la révision des listes, et ils en font l'objet tout particulier de leurs soins.

Si quelques esprits honnêtes, de ceux qui se refusent à croire au mal, même le plus évident, venaient à nous demander comment il est possible, avec le contrôle actuel, avec la publicité donnée aux listes ; comment il est possible à l'administration de défaire des électeurs légitimes, ou de faire de faux électeurs, nous les éclairerions en deux mots, par le récit de ce qui s'est passé dernièrement dans plusieurs communes du département du Loiret.

Là, certaines contributions mobilières portées à 50 fr. reposaient sur une base imposable moindre que celle d'autres contributions qui ne se montaient qu'à 15 fr. Il est vrai que l'électeur qui ne payait ainsi que 15 fr. avait un total de contributions de 409 fr., tandis que les électeurs qui payaient 50 fr. n'auraient pas atteint, sans ce supplément d'impôt, les 200 fr. fixés par la loi pour jouir des droits politiques.

Ces faits, qui nous ont été révélés par le *Journal du Loiret*, et qui n'ont point été démentis, prouvent que certains électeurs ont été bénévolement frappés d'un surcroît de charges, afin de pouvoir voter dans un collége en faveur de la politique ministérielle... ce qu'ils n'ont pas manqué de faire.

A Montpellier, la défaite du député de l'opposition n'a-t-elle pas tenu à l'inscription de cent faux électeurs !

Il est donc très important que les comités électoraux surveillent de près le travail des listes. Dans ce but, ils peuvent, entre autres moyens, se procurer chez les imprimeurs des mairies la liste des électeurs municipaux, et chez les imprimeurs de préfecture, la liste du jury.

En rapprochant ces listes du tableau des électeurs censitaires, on peut immédiatement reconnaître si quelques citoyens âgés de vingt-cinq ans et payant 200 francs d'impôts se trouvent omis sur ce dernier tableau. (Circulaire du comité de l'extrême gauche.)

Il existe en province un certain nombre de personnes qui paient une somme inférieure de quelques francs seulement au cens voulu par la loi. Souvent ces citoyens ignorent qu'ils ont le droit d'ajouter à leurs contributions l'impôt des portes et fenêtres des lieux qu'ils occupent, même lorsque cet impôt est soldé directement par les propriétaires.

D'autres, dont les mères, grand'mères ou belles-mères paient 200 francs de contributions, pourraient, par une simple délégation faite dans le délai voulu, provoquer leur inscription sur les listes électorales.

Sous l'empire de la loi de 1831, le cercle du pays légal est assez étroit, pour qu'on cherche, en attendant qu'une sage réforme en recule les limites, à y faire entrer le plus grand nombre possible de citoyens.

Quant aux faux électeurs, à ceux que l'administration favorise d'un surcroît de contributions, il est facile, dès qu'on soupçonne l'illégalité de leur cens, de comparer leur base imposable à celle d'autres électeurs dont la légitimité est avérée.

Tel est, en général, et sans parler des cas tout particuliers que les localités pourraient offrir, les soins qui doivent occuper les comités électoraux, dans la révision des listes.

Que, dans cette recherche de la validité des droits de leurs concitoyens, les électeurs indépendans ne se laissent influencer par aucune considération personnelle. Les intérêts de tous doivent passer avant les intérêts de quelques uns ; et il se rendrait responsable, dans certaines limites, des maux du pays, celui qui, sous l'empire de préoccupations mesquines, ne dénoncerait point l'inscription d'un faux électeur sur ces listes, dont la sincérité doit être sauvegardée avant tout.

III

Après la surveillance des actes de l'administration, nous avons dit que les comités des départemens devront exercer sur l'esprit public des localités une influence incessante.

En agissant ainsi, ils feront, au point de vue de leurs principes, ce que le pouvoir ne cesse de faire au point de vue de ses intérêts.

Des réunions fréquentes d'électeurs, dans lesquelles seraient agitées les questions politiques à l'ordre du jour, le compte-rendu de ces réunions publié dans les feuilles indépendantes et transmis au comité central de Paris, des pétitions adressées à la Chambre des députés, sous les auspices du représentant du collége : voilà les principaux moyens qui pourraient être employés pour réveiller l'opinion publique, la tenir sans cesse en haleine, et opposer ainsi de sincères manifestations aux flatteries menteuses que les journaux ministériels adressent si souvent au pouvoir, comme l'expression des vœux du pays.

Oui, les comités électoraux permanens offriront un excellent intermédiaire pour faire connaître enfin, à ceux qui s'obstinent à les nier, les tendances de la nation.

Et lorsque, de tous les points de la France, lorsque de chacun de nos quatre cent cinquante-neuf colléges, l'expression de ces tendances viendra se résumer à Paris dans le comité central ; lorsque, dans cette sorte de congrès, les membres de l'opposition dans le parlement pourront puiser leur règle de conduite à la Chambre : ces députés douteux qui, dans l'intérêt de leur élection, pour les besoins de leur cause peut-être, ont renié devant leurs mandans toute adhésion systématique aux actes du pouvoir, mais qui n'attendent qu'une occasion pour secouer le joug importun de leurs promesses; ces députés se verront contraints d'obéir à la lettre de leur programme, et de donner une boule blanche à toutes les propositions de réforme.

Les résultats de la permanence des comités électoraux se borneraient-ils à cette seule conséquence, que tous les bons citoyens devraient s'empresser d'en activer la constitution.

Mais d'autres résultats plus importans encore pour l'avenir en seront le fruit.

L'agitation toute légale que les comités imprimeront aux esprits donnera une nouvelle vigueur, une énergie nouvelle à l'opinion publique.

Les citoyens qui feront partie de ces réunions seront forcés de se rappeler sans cesse, au milieu des soins et des intérêts de la vie privée, qu'il y a au dessus de ces intérêts, légitimes sans doute quand ils ne tournent pas à l'égoïsme, des intérêts plus grands, plus impérieux, qui réclament l'attention et le dévoûment de tous.

Si le ministère actuel est parvenu à s'imposer au pays pendant six années, si nous le voyons s'appuyer aujourd'hui sur les trois cents députés de la corruption, il n'a obtenu ces résultats qu'en isolant les citoyens les uns des autres, qu'en leur faisant perdre de vue les besoins du pays, et en ne les entretenant, par l'entremise de ses courtiers électoraux, que des petits intérêts de clocher.

Poursuivez donc le cabinet sur le terrain même de ses succès.

Il divise, il morcelle, il isole; réunissez, concentrez, associez tous les élémens dont se compose l'esprit public, l'opposition constitutionnelle.

Il corrompt les électeurs, moralisez les électeurs;

Il s'adresse à leurs passions individuelles; faites vibrer dans leur sein la fibre nationale;

Intéressez un grand nombre de citoyens, tombés aujourd'hui dans l'indifférence la plus complète en matière de politique, à la marche, au développement, à la conclusion des affaires publiques ;

Prouvez-leur que la mauvaise direction de ces affaires n'est point aussi étrangère qu'ils peuvent le croire à celles qui les touchent personnellement;

Dites-leur surtout que, dans une société comme la nôtre, toutes les questions se lient et sont solidaires entre elles, et que les intérêts privés ne tardent pas à souffrir lorsqu'on abandonne les intérêts nationaux.

IV

Tels sont les conseils que nous donnerons aux comités électoraux des départemens, et à chaque électeur en particulier, s'ils veulent bien écouter la voix d'amis sincères, qui poursuivent avec persévérance, dans la pénible carrière du journalisme, la réalisation de toutes les réformes sollicitées par le pays.

Et lorsque, grâce à leur concours, à leur dévoûment, une précieuse unité d'action nous aura rendu notre force perdue, lorsque toutes les nuances de l'opposition constitutionnelle se seront fondues dans un grand parti national, nous marcherons d'un commun accord à la conquête de tous les progrès, de toutes les libertés qui nous sont déniés aujourd'hui.

Avec une Chambre qui représentera dignement le pays, avec un corps électoral sans cesse debout pour seconder le parlement, pour lui rappeler ses engagemens au besoin, nous obtiendrons alors :

Le développement de notre système électif ;

Par l'organe de ses députés les plus dévoués, l'opposition constitutionnelle vous a promis, avant l'ouverture de la session prochaine, un programme sur cette première réforme ; vous serez alors constitués, et l'adhésion que vous lui donnerez pourra exercer sur le pouvoir une influence considérable ;

Vous obtiendrez encore une réforme parlementaire ;

La sincérité dans les listes du jury ;

La réorganisation des gardes nationales, illégalement dissoutes ;

La réduction de certaines taxes onéreuses pour les classes pauvres, pour l'agriculture ;

Une plus juste répartition de l'impôt ;

Une réforme administrative qui allégera notre budget ; ce budget de 1,500,000,000 qui menace d'atteindre 2 milliards, si l'on persiste dans les erremens actuels.

Sous un régime plus intelligent, avec des hommes moins préoccupés de l'intérêt unique de leur portefeuille, vous verrez l'agriculture se développer ; le commerce acquérir de nouvelles relations, grâce à des traités avec des États voisins ; l'industrie nationale produire à meilleur marché, par le dégrèvement des matières premières, frappées de droits exorbitans par notre code douanier ;

On s'occupera du sort des travailleurs, des besoins des classes laborieuses ; on calmera les inquiétudes de la population ouvrière, on donnera quelque satisfaction à leurs exigences, exagérées aujourd'hui par ce seul fait qu'on les comprime.

Electeurs des départemens, réfléchissez sur les conséquences heureuses que pourront avoir vos comités ; considérez le bien qui résultera pour le pays de ces réunions calmes et dignes, où vous préparerez la conquête de toutes les réformes que nous venons de vous énumérer ; dites-vous que quelques instans détournés, chaque semaine, de vos occupations habituelles suffiront, sans nul doute, pour valoir à la France de tels résultats : et le comité central de Paris apprendra bientôt la permanence de vos quatre cent cinquante-neuf colléges !